The Last Chapter And Other Bilingual Portuguese-English Stories

Pomme Bilingual

Published by Pomme Bilingual, 2024.

THE LAST CHAPTER AND OTHER BILINGUAL PORTUGUESE-ENGLISH STORIES

First edition. November 7, 2024.

Copyright © 2024 Pomme Bilingual.

ISBN: 979-8227004123

Written by Pomme Bilingual.

Table of Contents

O Jardim de Amália

Amália sempre acreditou que seu jardim era um refúgio, um pequeno pedaço de paraíso em uma pequena cidade costeira do Brasil. Depois de se aposentar, ela passou a maior parte dos dias cuidando de suas flores e plantas, observando como cada estação trazia novas cores e aromas. O jardim estava repleto de hibiscos vibrantes, samambaias verdejantes e rosas perfumadas. Para ela, era um símbolo de vida e renovação.

Certa manhã, enquanto regava as plantas sob a luz suave do sol, Amália ouviu o tilintar de uma campainha na porta da frente. Estranhamente, não esperava visita. Ao abrir a porta, encontrou um homem alto, de cabelos grisalhos e olhar profundo. Ele se apresentou como Miguel e disse que estava passando por ali para explorar a cidade.

"Desculpe interromper seu dia," ele disse com um sorriso caloroso. "Mas não pude deixar de notar o quão bonito é o seu jardim. Posso entrar?"

Amália hesitou por um momento, mas a curiosidade a venceu. Ela abriu a porta e o convidou para entrar. Enquanto Miguel admirava as flores, Amália sentiu uma mistura de nostalgia e surpresa. Ele parecia apreciar cada pétala e cada cor como se fossem preciosidades.

"Você tem um talento incrível," disse ele, voltando-se para ela. "As plantas parecem felizes aqui."

"Obrigada," Amália respondeu, um pouco envergonhada. "Elas me trazem paz."

Miguel começou a contar histórias de suas viagens e aventuras ao redor do mundo. Cada relato despertava em Amália lembranças de sua própria juventude, dos sonhos que tivera e das oportunidades que deixara escapar. Ela falou sobre sua vida como professora, os alunos que inspirou e as lições que aprendeu ao longo dos anos.

"Às vezes, sinto que perdi o contato com o mundo lá fora," disse Amália, olhando para suas flores. "A solidão pode ser tão opressora."

Miguel a ouviu atentamente. "A solidão pode ser um estado de espírito, Amália. Às vezes, precisamos apenas de alguém que nos faça lembrar que a vida ainda pode florescer."

Com cada conversa, Amália sentia como se a primavera estivesse chegando a seu coração, mesmo em pleno outono. Miguel tinha uma maneira de ver a vida que a desafiava a reconsiderar suas próprias crenças sobre o envelhecer. Ele falava sobre a beleza da maturidade e como a sabedoria adquirida com os anos era uma flor rara e preciosa.

"Cada estação tem sua própria beleza," ele disse, olhando para as folhas que começavam a cair. "Assim como você. O que parece um fim pode ser um novo começo."

A visita de Miguel se tornou um ritual. Ele aparecia toda semana, e a cada encontro, Amália se sentia mais viva. Juntos, eles plantavam novas flores, discutiam literatura, e ele a encorajava a pintar, algo que ela não fazia há anos. As telas brancas começaram a ganhar cor e forma sob suas mãos, e cada pincelada a conectava mais profundamente ao presente.

Em uma de suas conversas, Miguel compartilhou que estava escrevendo um livro sobre suas experiências. Amália ficou intrigada. "E se eu lhe contasse sobre minha vida? Posso ser sua musa?" ela brincou.

"Você já é uma musa," ele respondeu. "Suas histórias e experiências são tão valiosas quanto as minhas. Vamos escrevê-las juntos."

Com o passar do tempo, Amália percebeu que seu jardim havia se transformado em algo mais. As flores que antes eram um simples prazer se tornaram um símbolo de renovação e esperança. Miguel havia trazido consigo a luz que faltava em sua vida, mostrando-lhe que a idade não era um fardo, mas uma rica tapeçaria de experiências.

Certa manhã, enquanto caminhava pelo jardim com Miguel, Amália viu uma nova flor desabrochando. "Olhe, Miguel! Essa é a primeira flor da primavera!"

"Sim, e você é a razão dela estar aqui," ele respondeu, olhando nos olhos dela. "Você é capaz de florescer em qualquer estação, Amália."

Amália sorriu, sentindo uma onda de gratidão. A vida, assim como seu jardim, estava cheia de possibilidades. E, com Miguel ao seu lado, ela estava pronta para explorar cada uma delas. O que antes era um espaço solitário agora se tornara um lugar de vida, amor e criatividade.

Assim, Amália aprendeu que, mesmo nos outonos da vida, sempre há espaço para novas flores. A esperança e a beleza estão sempre a um passo de distância, esperando para serem descobertas.

Amália's Garden

Amália always believed that her garden was a refuge, a little piece of paradise in a small coastal town in Brazil. After retiring, she spent most days tending to her flowers and plants, watching how each season brought new colors and scents. The garden was filled with vibrant hibiscus, lush ferns, and fragrant roses. For her, it was a symbol of life and renewal.

One morning, while watering the plants under the gentle sunlight, Amália heard the tinkling of a bell at the front door. Strangely, she wasn't expecting any visitors. When she opened the door, she found a tall man with gray hair and deep eyes. He introduced himself as Miguel and said he was passing through to explore the town.

"Sorry to interrupt your day," he said with a warm smile. "But I couldn't help but notice how beautiful your garden is. May I come in?"

Amália hesitated for a moment, but her curiosity won out. She opened the door and invited him in. As Miguel admired the flowers, Amália felt a mix of nostalgia and surprise. He seemed to appreciate every petal and every color as if they were treasures.

"You have an incredible talent," he said, turning to her. "The plants look happy here."

"Thank you," Amália replied, a bit shy. "They bring me peace."

Miguel began to tell stories of his travels and adventures around the world. Each tale stirred memories of Amália's own youth, of dreams she had and opportunities she had let slip away. She spoke of her life as a teacher, the students she inspired, and the lessons she learned over the years.

"Sometimes, I feel like I've lost touch with the world outside," Amália said, gazing at her flowers. "Loneliness can be so oppressive."

Miguel listened intently. "Loneliness can be a state of mind, Amália. Sometimes we just need someone to remind us that life can still blossom."

With each conversation, Amália felt as if spring were arriving in her heart, even in the midst of autumn. Miguel had a way of viewing life that challenged her to reconsider her own beliefs about aging. He spoke of the beauty of maturity and how the wisdom gained with years was a rare and precious flower.

"Each season has its own beauty," he said, looking at the leaves beginning to fall. "Just like you. What seems like an end can be a new beginning."

Miguel's visits became a ritual. He would show up every week, and with each meeting, Amália felt more alive. Together, they planted new flowers, discussed literature, and he encouraged her to paint—something she hadn't done in years. The blank canvases began to fill with color and form under her hands, and each brushstroke connected her more deeply to the present.

In one of their conversations, Miguel shared that he was writing a book about his experiences. Amália was intrigued. "What if I told you about my life? Can I be your muse?" she joked.

"You already are a muse," he replied. "Your stories and experiences are as valuable as mine. Let's write them together."

As time went on, Amália realized that her garden had transformed into something more. The flowers that were once a simple pleasure had become a symbol of renewal and hope. Miguel had brought with him the light that had been missing from her life, showing her that age was not a burden but a rich tapestry of experiences.

One morning, while walking through the garden with Miguel, Amália spotted a new flower blooming. "Look, Miguel! This is the first flower of spring!"

"Yes, and you are the reason it's here," he replied, looking into her eyes. "You can bloom in any season, Amália."

Amália smiled, feeling a wave of gratitude. Life, like her garden, was full of possibilities. And with Miguel by her side, she was ready to explore each one. What had once been a lonely space had now become a place of life, love, and creativity.

Thus, Amália learned that even in the autumns of life, there is always room for new flowers. Hope and beauty are always just a step away, waiting to be discovered.

O Último Café de Seu Joaquim

O aroma do café fresco preenchia o ar, misturando-se com o burburinho da cidade de São Paulo. O Café do Seu Joaquim, localizado em uma esquina movimentada, era um lugar especial. Desde a sua abertura há mais de trinta anos, o café havia se tornado um ponto de encontro para os moradores da região. Ali, as mesas eram ocupadas por pessoas que se tornaram amigos, muitas vezes mais do que apenas clientes.

Seu Joaquim, um homem de cabelos brancos e sorriso acolhedor, era o coração do café. Com seu avental desgastado e um olhar gentil, ele sempre estava pronto para compartilhar uma história sobre sua vida. Cada cliente tinha seu lugar favorito, e o diálogo fluía entre goles de café e risadas.

"Ah, você sabe como é," dizia Seu Joaquim para Dona Lúcia, uma cliente assídua que vinha todas as manhãs. "Café e conversa, o melhor remédio para qualquer tristeza."

Mas, naquele dia, uma nuvem de preocupação pairava sobre o Café do Seu Joaquim. O proprietário havia recebido uma notificação de que o local precisaria ser fechado devido a problemas financeiros. As contas se acumulavam, e a competição com as grandes redes de café tornava-se cada vez mais difícil. A notícia se espalhou rapidamente entre os clientes, deixando todos apreensivos.

Na manhã seguinte, enquanto Seu Joaquim servia os primeiros clientes, ele percebeu um ar de tristeza que permeava o café. Ele decidiu que não poderia deixar isso abalar seu espírito. Com um sorriso no rosto, começou a contar uma de suas histórias.

"Vocês conhecem a história do primeiro dia em que abri este café?" começou ele, animando o ambiente. "Era um dia ensolarado, e eu estava tão nervoso! Mas, quando o primeiro cliente entrou, um senhor que se parecia com um artista, ele pediu um café e disse: 'Café com amor é o que faz a gente voltar.' E aqui estamos, todos esses anos depois!"

Os clientes sorriram, lembrando-se de como o café tinha sido parte de suas vidas. Foi nesse espírito que Ana, uma jovem artista que costumava pintar no café, teve uma ideia. "E se fizermos uma vaquinha? Podemos arrecadar fundos para ajudar o Seu Joaquim a manter o café aberto!"

A ideia rapidamente ganhou apoio. Os clientes começaram a se unir, cada um contribuindo de alguma forma. Os músicos que costumavam tocar no café ofereceram um show beneficente. Dona Lúcia organizou um bazar, e muitos trouxeram itens para vender. A comunidade se mobilizou, revelando a força dos laços criados ao longo dos anos.

Na noite do evento, o Café do Seu Joaquim estava mais cheio do que nunca. A música ecoava pelas paredes, risadas e conversas enchiam o ar, e o aroma do café fresco era mais forte do que nunca. Seu Joaquim, emocionado, observou tudo aquilo com lágrimas nos olhos.

"Isso é mais do que eu poderia imaginar," ele disse a Ana, que estava ao seu lado. "O que eu pensava ser apenas um café se transformou em uma família."

O evento arrecadou o suficiente para cobrir as dívidas e garantir que o café continuasse funcionando. Mas, mais do que isso, mostrou a Seu Joaquim que seu trabalho e dedicação haviam criado algo especial na vida das pessoas que frequentavam seu café. O café não era apenas um lugar para tomar um bom café; era um espaço onde as histórias se entrelaçavam, onde memórias eram feitas e compartilhadas.

Com o coração cheio de gratidão, Seu Joaquim decidiu que, enquanto o café estivesse aberto, ele continuaria contando histórias, fazendo novos amigos e acolhendo todos que entrassem pela porta.

"Que tal mais uma história antes de fecharmos por hoje?" ele perguntou, com um brilho nos olhos. Os clientes assentiram animados, prontos para mais uma noite de risadas, lembranças e, claro, café.

E assim, o Café do Seu Joaquim não só sobreviveu, mas floresceu. Com cada xícara servida, o amor e a amizade entre os clientes cresciam, provando que, quando uma comunidade se une, pode enfrentar qualquer desafio.

Mr. Joaquim's Last Coffee

The aroma of fresh coffee filled the air, mingling with the hustle and bustle of São Paulo. Mr. Joaquim's Café, located on a busy corner, was a special place. Since its opening more than thirty years ago, the café had become a meeting point for locals. Here, the tables were filled with people who had become friends, often more than just customers.

Mr. Joaquim, a man with white hair and a warm smile, was the heart of the café. In his worn apron and with a gentle gaze, he was always ready to share a story about his life. Each customer had their favorite spot, and conversations flowed amidst sips of coffee and laughter.

"Oh, you know how it is," Mr. Joaquim would say to Dona Lúcia, a regular who came every morning. "Coffee and conversation, the best remedy for any sadness."

But that day, a cloud of concern hung over Mr. Joaquim's Café. The owner had received a notice that the establishment would need to close due to financial troubles. The bills were piling up, and the competition from large coffee chains was becoming increasingly difficult. The news spread quickly among the customers, leaving everyone anxious.

The next morning, as Mr. Joaquim served the first customers, he noticed a sense of sadness permeating the café. He decided he couldn't let this affect his spirit. With a smile on his face, he began to tell one of his stories.

"Do you all know the story of the first day I opened this café?" he began, lifting the mood. "It was a sunny day, and I was so nervous! But when the first customer walked in, an elderly gentleman who looked like an artist, he ordered a coffee and said, 'Coffee made with love is what brings us back.' And here we are, all these years later!"

The customers smiled, remembering how the café had been a part of their lives. It was in that spirit that Ana, a young artist who often painted in the café, had an idea. "What if we do a fundraiser? We can raise money to help Mr. Joaquim keep the café open!"

The idea quickly gained traction. Customers began to rally together, each contributing in some way. The musicians who used to play at the café offered to host a benefit concert. Dona Lúcia organized a bazaar, and many brought items to sell. The community mobilized, revealing the strength of the bonds formed over the years.

On the night of the event, Mr. Joaquim's Café was busier than ever. Music echoed off the walls, laughter and chatter filled the air, and the aroma of fresh coffee was stronger than ever. Mr. Joaquim, moved, watched everything with tears in his eyes.

"This is more than I could have imagined," he said to Ana, who stood beside him. "What I thought was just a café has transformed into a family."

The event raised enough money to cover the debts and ensure that the café could continue operating. But more than that, it showed Mr. Joaquim that his hard work and dedication had created something special in the lives of those who frequented his café. The café was not just a place to enjoy a good coffee; it was a space where stories intertwined, where memories were made and shared.

With a heart full of gratitude, Mr. Joaquim decided that as long as the café was open, he would continue telling stories, making new friends, and welcoming everyone who walked through the door.

"How about one more story before we close for today?" he asked, a twinkle in his eye. The customers nodded eagerly, ready for another evening of laughter, memories, and, of course, coffee.

And so, Mr. Joaquim's Café not only survived but thrived. With every cup served, the love and friendship among the customers grew, proving that when a community comes together, it can face any challenge.

Reflexões na Lagoa

O Pantanal se estendia diante de Clara como um vasto mar de cores e sons, onde a natureza dançava em perfeita harmonia. A jovem artista passava os dias imersa na beleza do lugar, mas, por dentro, lutava com um turbilhão de sentimentos. As expectativas da família pareciam uma sombra constante sobre sua vida, sufocando sua verdadeira essência. Seus pais desejavam que ela seguisse a tradição da família e se tornasse médica, mas Clara sonhava em ser artista, capturando a alma do Pantanal em suas telas.

Naquela manhã ensolarada, Clara decidiu se afastar da agitação de sua casa e ir até a lagoa próxima. As águas refletiam o céu azul, pontilhado de nuvens brancas como algodão-doce. Ela se sentou em uma pedra à beira da água e tirou seu caderno de esboços, pronta para dar vida às suas emoções. Com cada traço, ela tentava expressar a confusão que sentia. As cores vibrantes de sua paleta pareciam contar a história de sua luta interna.

Enquanto estava concentrada em seu trabalho, um som familiar a distraiu. Era o som de um barco deslizando pela água. Clara levantou os olhos e viu um homem idoso, de pele enrugada e olhar sábio, que remava lentamente em direção à margem. Ele tinha um jeito calmo e sereno, e o brilho nos seus olhos refletia uma vida cheia de histórias.

O velho pescador parou seu barco ao lado da lagoa e sorriu para Clara. "Bom dia, jovem artista. O que está criando por aqui?" ele perguntou, com uma voz suave.

"Estou tentando capturar a beleza deste lugar," Clara respondeu, hesitante. "Mas não consigo expressar o que sinto por dentro."

"Às vezes, a beleza está na impermanência das coisas," o pescador disse, enquanto puxava sua rede do barco. "Olhe para a lagoa. Ela muda a cada instante. As flores, os peixes, até mesmo o céu. Tudo é passageiro, e isso é o que o torna especial."

Clara ouviu com atenção, suas palavras ressoando profundamente dentro dela. "Mas e se eu não souber como lidar com isso? E se eu falhar em ser quem realmente sou?"

O pescador sorriu, agora puxando um peixe reluzente de sua rede. "A vida é feita de tentativas e erros. Você não pode ter medo de se perder. A beleza de ser você mesma está em abraçar suas incertezas e aprender com elas. Cada erro traz uma nova perspectiva."

Clara observou o peixe se contorcer antes de o pescador devolvê-lo à água. Ele parecia tão livre, tão destemido. A imagem daquele peixe se debatendo refletia a luta interna de Clara, e ela percebeu que a liberdade não era apenas uma questão de espaço físico, mas de aceitar quem realmente era.

"E como você descobriu isso?" Clara perguntou, intrigada.

"O tempo me ensinou," ele respondeu, com um olhar distante. "Passei muitos anos pescando, e cada dia na lagoa me trouxe uma nova lição. A vida continua, mesmo quando não estamos prontos. O importante é aproveitar cada momento, cada experiência."

As palavras do pescador estavam começando a dissolver a tensão dentro de Clara. Ela olhou para sua pintura, que ainda não estava completa, e decidiu fazer uma pausa. O calor do sol em seu rosto e a brisa suave da lagoa pareciam lhe dar coragem. Com um novo entendimento, ela pegou seu pincel e começou a adicionar novas cores à sua tela, cada uma representando uma emoção que ela finalmente se permitia sentir.

Enquanto pintava, Clara começou a perceber que sua identidade não era algo fixo, mas uma série de camadas que se entrelaçavam. Ela não precisava se definir apenas pelo que os outros esperavam. Podia ser uma artista e ainda honrar sua família, encontrando um equilíbrio entre seus próprios desejos e suas responsabilidades.

Quando terminou de pintar, o velho pescador observava em silêncio, satisfeito. "Veja, você fez algo lindo," ele disse, apontando para a tela. "Às vezes, a arte mais verdadeira vem da aceitação do que somos."

Clara sorriu, sentindo uma onda de gratidão. "Obrigado por suas palavras. Elas significam mais do que você imagina."

"Lembre-se, jovem artista," o pescador disse enquanto se preparava para voltar ao seu barco, "a vida é como a lagoa. Ela está sempre mudando. Aprenda a flutuar nas águas da incerteza e você encontrará sua verdadeira liberdade."

Com isso, ele se afastou, remando lentamente, enquanto Clara contemplava sua tela. As cores vibrantes agora refletiam não apenas a beleza do Pantanal, mas também sua jornada interna de autodescoberta. Ela respirou fundo, sentindo-se renovada, pronta para abraçar sua identidade como artista e como pessoa.

Clara sabia que a luta não tinha acabado, mas agora tinha um novo propósito. Ela deixaria sua arte florescer, com a certeza de que, assim como a lagoa, sua vida poderia ser bela e impermanente, cheia de momentos preciosos a serem vividos e apreciados. E com cada pincelada, ela se aproximaria mais de quem realmente era.

Reflections at the Lagoon

The Pantanal stretched before Clara like a vast sea of colors and sounds, where nature danced in perfect harmony. The young artist spent her days immersed in the beauty of the place, but inside, she struggled with a whirlwind of emotions. The expectations of her family felt like a constant shadow over her life, suffocating her true essence. Her parents wanted her to follow the family tradition and become a doctor, but Clara dreamed of being an artist, capturing the soul of the Pantanal on her canvases.

On that sunny morning, Clara decided to escape the hustle and bustle of her home and go to the nearby lagoon. The waters reflected the blue sky, dotted with clouds like cotton candy. She sat on a rock by the water and took out her sketchbook, ready to give life to her emotions. With each stroke, she tried to express the confusion she felt. The vibrant colors of her palette seemed to tell the story of her inner struggle.

While she was focused on her work, a familiar sound distracted her. It was the sound of a boat gliding across the water. Clara looked up and saw an elderly man, with wrinkled skin and wise eyes, rowing slowly toward the shore. He had a calm and serene demeanor, and the sparkle in his eyes reflected a life full of stories.

The old fisherman stopped his boat beside the lagoon and smiled at Clara. "Good morning, young artist. What are you creating here?" he asked in a gentle voice.

"I'm trying to capture the beauty of this place," Clara replied hesitantly. "But I can't express what I feel inside."

"Sometimes, beauty lies in the impermanence of things," the fisherman said as he pulled his net from the boat. "Look at the lagoon. It changes every moment. The flowers, the fish, even the sky. Everything is fleeting, and that is what makes it special."

Clara listened attentively, his words resonating deeply within her. "But what if I don't know how to handle that? What if I fail to be who I truly am?"

The fisherman smiled, now pulling a shimmering fish from his net. "Life is made of trials and errors. You can't be afraid of getting lost. The beauty of being yourself lies in embracing your uncertainties and learning from them. Every mistake brings a new perspective."

Clara watched the fish wriggle before the fisherman returned it to the water. It seemed so free, so fearless. The image of that fish thrashing reflected Clara's internal struggle, and she realized that freedom was not just a matter of physical space but accepting who she truly was.

"And how did you discover that?" Clara asked, intrigued.

"Time taught me," he replied, with a distant look. "I spent many years fishing, and each day at the lagoon brought me a new lesson. Life goes on, even when we're not ready. What matters is to embrace every moment, every experience."

The fisherman's words began to dissolve the tension inside Clara. She looked at her painting, which was still incomplete, and decided to take a break. The warmth of the sun on her face and the gentle breeze from the lagoon seemed to give her courage. With a new understanding, she picked up her brush and began to add new colors to her canvas, each one representing an emotion she finally allowed herself to feel.

As she painted, Clara began to realize that her identity was not something fixed but a series of layers intertwined. She didn't need to define herself solely by what others expected. She could be an artist and still honor her family, finding a balance between her own desires and her responsibilities.

When she finished painting, the old fisherman watched in silence, satisfied. "Look, you've created something beautiful," he said, pointing to the canvas. "Sometimes, the truest art comes from accepting who we are."

Clara smiled, feeling a wave of gratitude. "Thank you for your words. They mean more than you can imagine."

"Remember, young artist," the fisherman said as he prepared to return to his boat, "life is like the lagoon. It's always changing. Learn to float in the waters of uncertainty, and you will find your true freedom."

With that, he drifted away, rowing slowly as Clara contemplated her canvas. The vibrant colors now reflected not only the beauty of the Pantanal but also her internal journey of self-discovery. She took a deep breath, feeling renewed, ready to embrace her identity as an artist and as a person.

Clara knew that the struggle wasn't over, but now she had a new purpose. She would let her art flourish, confident that, like the lagoon, her life could be beautiful and impermanent, filled with precious moments to be lived and cherished. And with each brushstroke, she would draw closer to who she truly was.

As Cartas de Sofia

Sofia sempre acreditou que a vida era uma linha reta, marcada por decisões e caminhos bem definidos. Aos cinquenta anos, no entanto, ela se viu em um ponto de interrogação, refletindo sobre as escolhas que havia feito e as que deixara de fazer. Após a morte de sua avó, ela decidiu organizar a casa, uma tarefa que a deixou nostálgica e cheia de lembranças.

Enquanto organizava o sótão, Sofia encontrou uma caixa de papelão empoeirada. Curiosa, puxou-a para fora e a abriu. Dentro, havia uma coleção de cartas amareladas, cuidadosamente amarradas com um cordão desgastado. O coração de Sofia disparou ao reconhecer a caligrafia de sua avó, uma mulher que sempre a inspirou, mas que também era um mistério em muitos aspectos.

Com um sentimento de reverência, Sofia começou a ler as cartas uma a uma. Elas eram dirigidas a uma amiga de infância chamada Elisa e cobriam décadas de correspondência. As palavras dançavam diante de seus olhos, trazendo à tona as emoções e os sonhos de uma mulher que viveu uma vida rica e cheia de desafios.

A primeira carta falava sobre os sonhos de sua avó de viajar pelo mundo, algo que nunca realizou. Sofia sentiu uma pontada de tristeza ao perceber que sua avó também tinha arrependimentos. Ela descrevia como se sentia presa em sua vida, mas sempre esperançosa de que um dia teria coragem de seguir seus sonhos.

Conforme avançava nas cartas, Sofia descobriu mais sobre a vida de sua avó. Em uma carta, sua avó falava sobre o amor que nunca teve coragem de declarar a um jovem chamado Miguel. "Às vezes, a vida nos apresenta oportunidades, e é nosso dever abraçá-las, mesmo que isso signifique correr riscos," escrevia ela. Sofia pensou em sua própria vida, nas oportunidades que deixara escapar por medo ou insegurança.

Sofia leu sobre os desafios que sua avó enfrentou durante a guerra, como a perda de amigos e a luta pela sobrevivência. Essas cartas eram um testemunho da resiliência e da força de uma mulher que sempre buscou a felicidade, apesar das adversidades. À medida que lia, Sofia começou a se sentir conectada a sua avó de uma maneira que nunca havia imaginado. Era como se as palavras dela a estivessem guiando em sua própria jornada.

Em uma carta particularmente comovente, sua avó falava sobre o nascimento de Sofia, descrevendo a alegria que sentiu ao se tornar avó. "Quando segurava minha neta em meus braços, eu soube que a vida vale a pena, mesmo com suas dores e frustrações," dizia ela. Sofia sentiu lágrimas escorrerem por seu rosto. Ela se lembrou do amor incondicional de sua avó e do apoio que sempre lhe deu, mesmo quando não a compreendia completamente.

Ao final da tarde, Sofia havia lido todas as cartas e se sentia transformada. Compreendia agora que sua avó não era apenas uma figura materna, mas uma mulher com sonhos, medos e arrependimentos, assim como ela. Sofia fechou os olhos e fez uma reflexão sobre sua própria vida. O que a impedia de buscar seus sonhos? O que a fazia hesitar diante das oportunidades que a vida lhe apresentava?

Determinada a honrar a memória de sua avó e as lições que havia aprendido, Sofia decidiu que era hora de agir. Em vez de se deixar levar pelas inseguranças, ela se comprometeu a fazer mudanças. Começou a planejar uma viagem para o lugar onde sua avó sempre sonhou em ir — Paris. Era uma forma de se conectar com o passado e, ao mesmo tempo, abrir as portas para o futuro.

Nos dias que se seguiram, Sofia começou a reavaliar suas prioridades. Ela se inscreveu em aulas de pintura, algo que sempre desejou fazer, mas nunca teve coragem. A arte começou a fluir novamente em sua vida, trazendo cores e emoções que ela pensava ter perdido.

Finalmente, quando chegou o dia de sua viagem, Sofia se sentiu radiante. Ao pisar em solo francês, ela sentiu uma onda de liberdade e renovação. Cada esquina, cada café, cada museu era uma nova oportunidade para viver e sonhar. Durante sua estadia, Sofia fez novos amigos e se permitiu explorar cada parte da cidade com um coração aberto.

Ao final da viagem, enquanto olhava para a Torre Eiffel ao entardecer, Sofia fez uma promessa a si mesma. "A vida é um presente, e eu não vou mais deixá-la passar em branco," pensou. Com as cartas de sua avó em seu coração, ela retornou ao Brasil, cheia de novos planos e uma nova perspectiva sobre a vida.

Sofia sabia que a jornada não terminava ali, mas agora tinha a coragem e a determinação para viver a vida que sempre desejou.

As cartas de sua avó se tornaram um guia, uma lembrança de que cada dia era uma nova oportunidade de abraçar os sonhos e ser fiel a si mesma.

Sofia's Letters

Sofia always believed that life was a straight line, marked by clear decisions and paths. However, at fifty years old, she found herself at a question mark, reflecting on the choices she had made and the ones she had left behind. After her grandmother's death, she decided to organize the house, a task that left her nostalgic and filled with memories.

While cleaning the attic, Sofia stumbled upon a dusty cardboard box. Curious, she pulled it out and opened it. Inside was a collection of yellowed letters, carefully tied together with a frayed string. Sofia's heart raced as she recognized her grandmother's handwriting, a woman who had always inspired her but remained a mystery in many ways.

With a sense of reverence, Sofia began to read the letters one by one. They were addressed to a childhood friend named Elisa and covered decades of correspondence. The words danced before her eyes, evoking the emotions and dreams of a woman who had lived a rich life filled with challenges.

The first letter spoke of her grandmother's dreams of traveling the world, something she never accomplished. Sofia felt a pang of sadness as she realized her grandmother had regrets too. She described how she felt trapped in her life but always hopeful that one day she would have the courage to pursue her dreams.

As she progressed through the letters, Sofia learned more about her grandmother's life. In one letter, her grandmother wrote about a love she never had the courage to declare to a young man named Miguel. "Sometimes, life presents us with opportunities, and it's our duty to embrace them, even if it means taking risks," she wrote. Sofia reflected on her own life and the opportunities she had let slip away out of fear or insecurity.

Sofia read about the challenges her grandmother faced during the war, such as the loss of friends and the struggle for survival. These letters were a testament to the resilience and strength of a woman who always sought happiness despite adversity. As she read, Sofia began to feel connected to her grandmother in a way she had never imagined. It was as if her words were guiding her on her own journey.

In one particularly moving letter, her grandmother spoke about Sofia's birth, describing the joy she felt at becoming a grandmother. "When I held my granddaughter in my arms, I knew life was worth it, even with its pains and frustrations," she wrote. Tears streamed down Sofia's face as she remembered her grandmother's unconditional love and the support she had always given her, even when she didn't fully understand her.

By the end of the afternoon, Sofia had read all the letters and felt transformed. She now understood that her grandmother was not just a maternal figure but a woman with dreams, fears, and regrets, just like her. Sofia closed her eyes and reflected on her own life. What was holding her back from pursuing her dreams? What made her hesitate in the face of opportunities that life presented?

Determined to honor her grandmother's memory and the lessons she had learned, Sofia decided it was time to take action. Instead of being carried away by insecurities, she committed to making changes. She began planning a trip to the place where her grandmother had always dreamed of going—Paris. It was a way to connect with the past while simultaneously opening doors to the future.

In the days that followed, Sofia began to reevaluate her priorities. She enrolled in painting classes, something she had always wanted to do but never had the courage to try. Art began to flow back into her life, bringing colors and emotions she thought she had lost.

Finally, when the day of her trip arrived, Sofia felt radiant. As she set foot on French soil, she experienced a wave of freedom and renewal. Every corner, every café, every museum was a new opportunity to live and dream. During her stay, Sofia made new friends and allowed herself to explore every part of the city with an open heart.

At the end of her trip, while gazing at the Eiffel Tower at sunset, Sofia made a promise to herself. "Life is a gift, and I will no longer let it pass me by," she thought. With her grandmother's letters in her heart, she returned to Brazil, filled with new plans and a fresh perspective on life.

Sofia knew that the journey didn't end there, but now she had the courage and determination to live the life she had always desired. Her grandmother's letters became a guide, a reminder that each day was a new opportunity to embrace her dreams and stay true to herself.

Noite de Festa em Ouro Preto

Ouro Preto, com suas ladeiras de pedra e casarões coloniais, estava em festa. As ruas estavam iluminadas por lanternas coloridas, e a música ecoava pelos becos estreitos, trazendo vida e alegria à cidade histórica. Era a época do Festival de Inverno, e o ar estava cheio de risadas, aromas de comidas típicas e a promessa de reencontros.

Entre a multidão, um grupo de amigos se reunia após anos sem se ver. Laura, Pedro, Ana e Carlos haviam crescido juntos, mas a vida os havia levado a caminhos diferentes. Agora, cada um trazia consigo histórias de sucesso, desafios e saudades. A emoção estava no ar enquanto se abraçavam e compartilhavam sorrisos.

"Olha como essa cidade não mudou," disse Laura, com os olhos brilhando. "Ainda sinto o cheiro da canjiquinha e da broa de milho que a Dona Maria fazia."

"E aquelas nossas correrias pelas ruas?" lembrou Pedro, rindo. "Acho que a gente só parava para comer e brincar de esconde-esconde."

Ana, observando os amigos com um sorriso nostálgico, acrescentou: "E como esquecemos daquela vez em que Carlos ficou preso na árvore tentando pegar um passarinho? Até hoje ele deve ter marcas nas pernas!"

Todos riram ao relembrar as travessuras da infância. A saudade os envolvia, trazendo à tona memórias de um tempo mais simples, mas também de momentos difíceis. A conexão entre eles parecia ter sobrevivido ao teste do tempo, mas havia também uma sombra de complexidade em suas relações.

Enquanto caminhavam em direção à Praça Tiradentes, onde as festividades estavam em pleno andamento, Laura sentiu uma inquietação. A última vez que estivera com Pedro não tinha sido agradável. Uma briga havia os afastado, e ainda existia um peso no ar que não conseguiam ignorar. "Como você tem estado, Pedro?" ela perguntou, tentando quebrar o gelo.

"Estou bem. Na verdade, acho que finalmente encontrei meu caminho na vida," respondeu ele, olhando para o horizonte. "Comecei a trabalhar em um projeto social que me deixa feliz. E você?"

Laura hesitou por um momento, lembrando-se dos desafios de sua própria carreira, e disse: "Estou tentando me reinventar. A vida tem sido um pouco... incerta."

Ana, percebendo a tensão, decidiu mudar de assunto. "Olhem ali! O desfile das bandas de congado!" apontou, animada. Eles se voltaram para a direção indicada e, em meio à música e à dança, a atmosfera de festa parecia curar as pequenas feridas do passado.

Enquanto assistiam ao desfile, Carlos ficou em silêncio, observando seus amigos. Ele sempre fora o pacificador do grupo, e agora sentia que era seu momento de agir. "Sabem, eu sinto que todos nós temos nossas histórias e desafios," ele começou, sua voz firme. "Mas o que importa é que estamos aqui agora. O tempo pode nos afastar, mas a amizade verdadeira sempre encontra um caminho de volta."

Os amigos se entreolharam, e um novo entendimento começou a se formar. A festa continuava ao seu redor, mas naquele instante, tudo o que importava era a conexão que tinham.

"É verdade, Carlos," disse Ana, com um olhar contemplativo. "Ouro Preto é uma lembrança de que, apesar das mudanças, nossas raízes permanecem firmes. Nós somos um pedaço um do outro."

A música se intensificou, e eles começaram a dançar juntos, movendo-se ao ritmo alegre do congado. Era como se o tempo não tivesse passado, como se fossem novamente aquelas crianças correndo pelas ruas de Ouro Preto, rindo e brincando.

Conforme a noite avançava, os quatro amigos se sentaram em um banco na praça, cercados pela luz das lanternas e pelo cheiro das comidas típicas. Havia algo de mágico naquele lugar. "Lembram-se do nosso plano de fazer uma viagem juntos quando formássemos?" Laura perguntou, rindo.

"Sim! E acabamos fazendo tudo menos isso," Pedro disse, revirando os olhos dramaticamente. "Mas quem sabe agora a gente não retoma esse plano? A vida é curta demais para não aproveitá-la."

"Vamos fazer isso! Pode ser uma viagem por várias cidades históricas," sugeriu Ana, entusiasmada. "E desta vez, vamos aproveitar cada momento sem deixar nada passar."

Os amigos concordaram, e uma onda de expectativa tomou conta deles. A noite de festa em Ouro Preto não era apenas uma celebração; era um novo começo, um reconhecimento de que, apesar das dificuldades e do tempo, a amizade era forte o suficiente para resistir.

"Vamos brindar a isso," disse Carlos, puxando um copo de quentão que comprara em uma barraquinha próxima. "Às novas memórias que vamos criar juntos!"

Ergam os copos e, sob o céu estrelado de Ouro Preto, brindaram não apenas à amizade, mas também ao futuro. A noite era jovem, e a cidade pulsava com vida, refletindo a renovação e a alegria de estarem juntos novamente. Eles sabiam que a jornada não seria fácil, mas, juntos, poderiam enfrentar qualquer desafio que a vida trouxesse. E assim, sob as luzes do festival, a amizade deles se reestabeleceu, mais forte e mais rica do que nunca.

Celebration Night in Ouro Preto

———

Ouro Preto, with its cobblestone streets and colonial mansions, was alive with celebration. The streets were illuminated by colorful lanterns, and music echoed through the narrow alleys, bringing life and joy to the historic city. It was the time of the Winter Festival, and the air was filled with laughter, the aromas of traditional foods, and the promise of reunions.

Amid the crowd, a group of friends gathered after years apart. Laura, Pedro, Ana, and Carlos had grown up together, but life had taken them down different paths. Now, each brought stories of success, challenges, and nostalgia. The excitement was palpable as they embraced and shared smiles.

"Look how this city hasn't changed," Laura said, her eyes sparkling. "I can still smell the canjiquinha and the cornbread that Dona Maria used to make."

"And remember our races through the streets?" Pedro recalled, laughing. "I think we only stopped to eat and play hide-and-seek."

Ana, watching her friends with a nostalgic smile, added, "And how could we forget that time Carlos got stuck in a tree trying to catch a bird? He must still have marks on his legs!"

Everyone laughed as they reminisced about their childhood antics. A wave of longing enveloped them, bringing back memories of a simpler time, but also of difficult moments. The connection between them seemed to have survived the test of time, yet there was a shadow of complexity in their relationships.

As they walked toward Praça Tiradentes, where the festivities were in full swing, Laura felt a sense of unease. The last time she had seen Pedro had not been pleasant. An argument had driven a wedge between them, and there was still a weight in the air that they couldn't ignore. "How have you been, Pedro?" she asked, trying to break the ice.

"I'm good. Actually, I think I've finally found my way in life," he replied, gazing at the horizon. "I started working on a social project that makes me happy. And you?"

Laura hesitated for a moment, recalling the challenges in her own career, and said, "I'm trying to reinvent myself. Life has been a bit... uncertain."

Ana, sensing the tension, decided to change the subject. "Look over there! The congado band parade!" she pointed excitedly. They turned in the indicated direction, and amid the music and dance, the festive atmosphere seemed to heal the small wounds of the past.

As they watched the parade, Carlos remained silent, observing his friends. He had always been the peacemaker of the group, and now he felt it was his moment to act. "You know, I feel like we all have our stories and challenges," he began, his voice steady. "But what matters is that we're here now. Time may pull us apart, but true friendship always finds a way back."

The friends looked at one another, and a new understanding began to form. The celebration continued around them, but in that moment, all that mattered was the bond they shared.

"That's true, Carlos," Ana said, with a contemplative look. "Ouro Preto is a reminder that, despite the changes, our roots remain strong. We are a piece of each other."

The music grew louder, and they began to dance together, moving to the joyful rhythm of the congado. It was as if time had stood still, as if they were once again those children running through the streets of Ouro Preto, laughing and playing.

As the night went on, the four friends sat on a bench in the square, surrounded by lantern light and the smell of traditional foods. There was something magical about that place. "Do you remember our plan to take a trip together when we graduated?" Laura asked, laughing.

"Yes! And we ended up doing everything but that," Pedro said, rolling his eyes dramatically. "But maybe now we can revive that plan? Life is too short not to enjoy it."

"Let's do it! It could be a trip through several historic cities," Ana suggested enthusiastically. "And this time, let's enjoy every moment without letting anything slip by."

The friends agreed, and a wave of anticipation swept over them. The celebration night in Ouro Preto was not just a festivity; it was a new beginning, a recognition that despite the difficulties and the passing of time, their friendship was strong enough to endure.

"Let's toast to that," said Carlos, pulling out a glass of quentão he had bought from a nearby stall. "To the new memories we will create together!"

They raised their glasses and, under the starry sky of Ouro Preto, toasted not only to friendship but also to the future. The night was young, and the city pulsed with life, reflecting the renewal and joy of being together again. They knew the journey wouldn't be easy, but together, they could face any challenge that life brought. And so, under the festival lights, their friendship was rekindled, stronger and richer than ever.

As Sombras do Mercado

Em uma manhã ensolarada em Salvador, o Mercado Modelo pulsava com vida. As barracas estavam repletas de cores vibrantes: frutas tropicais, artesanato, e os cheiros irresistíveis da comida baiana. Entre os gritos animados dos vendedores e a música ao longe, Letícia caminhava, sentindo uma mistura de ansiedade e excitação.

Letícia era uma jovem que sempre sentira uma conexão profunda com sua cidade, mas, nos últimos meses, a curiosidade sobre sua história familiar se tornara insuportável. Ela havia encontrado um velho álbum de fotos empoeiradas em casa, e uma foto em particular a intrigou. Nela, sua avó, uma mulher de olhos intensos e sorriso radiante, estava rodeada de amigos no mercado. A expressão dela transparecia uma felicidade que Letícia não conhecia, e isso a levou a se perguntar: quem era aquela mulher antes de se tornar a avó que sempre conheceu?

Decidida a descobrir mais sobre sua família e suas raízes, Letícia decidiu visitar o Mercado Modelo. Se havia um lugar que poderia oferecer respostas, era ali, onde as histórias se entrelaçam como as cores das roupas típicas que enfeitavam o mercado.

Enquanto caminhava pelas barracas, ela se deixou levar pelo som das conversas e o cheiro da moqueca sendo preparada. Ao passar por uma barraca de frutas, Letícia avistou Dona Mariá, uma vendedora idosa conhecida por todos no mercado. Ela sempre tinha um sorriso caloroso e uma palavra gentil para quem passasse.

"Oi, Dona Mariá!" Letícia chamou, aproximando-se. "Como vai?"

"Ah, Letícia! Que prazer te ver, minha querida! E a sua mãe? Está tudo bem?" perguntou Dona Mariá, ajustando seus óculos.

"Ela está bem, obrigada. Estou aqui para perguntar sobre minha avó. Eu vi uma foto dela no mercado, e fiquei curiosa sobre sua história."

Os olhos de Dona Mariá brilharam, e uma sombra de nostalgia passou por seu rosto. "Ah, sua avó! Ela era uma mulher incrível. Sempre cheia de vida e amor por este lugar. Ela vendia temperos e fazia uma farofa de dendê que todo mundo amava. O mercado era como uma segunda casa para ela."

Letícia sorriu, imaginando sua avó interagindo com os outros. "Você poderia me contar mais sobre ela?"

Dona Mariá começou a compartilhar histórias, lembrando como sua avó ajudava todos no mercado, desde dar conselhos até oferecer comida aos que precisavam. Cada relato era como uma peça de quebra-cabeça que Letícia juntava em sua mente. Ela não apenas conhecia a avó que vira nas fotos, mas começava a entender a mulher forte e generosa que havia impactado tantas vidas.

Animada com o que ouvira, Letícia continuou explorando o mercado. Conheceu seu Jorge, um pescador que vendia peixe fresco. Ele falou sobre os desafios de manter a tradição da pesca viva e como sua avó o ajudava a encontrar novos mercados para suas vendas. Depois, encontrou Ana, uma artista que criava lindas peças de cerâmica. Ana também conhecia a avó de Letícia e mencionou como ela a inspirava em seus trabalhos, ensinando a importância de valorizar as raízes e a cultura.

"Ela sempre dizia que a arte é como a vida: deve ser vivida com autenticidade e amor," Ana comentou, enquanto Letícia observava as cerâmicas coloridas.

A cada interação, Letícia sentia que se aproximava mais de sua avó. Ela compreendeu que as histórias que ouvia não eram apenas sobre sua avó, mas sobre toda a comunidade. O mercado era um lugar onde as memórias se entrelaçavam, onde as pessoas compartilhavam suas vidas e se apoiavam mutuamente.

Ao final do dia, Letícia decidiu que queria fazer algo especial. Com a ajuda de Dona Mariá e outros vendedores, ela organizou um pequeno evento no mercado para celebrar a vida e a memória de sua avó. Convidou a comunidade a trazer suas lembranças, receitas e histórias.

No dia do evento, o Mercado Modelo estava ainda mais vibrante. As barracas foram decoradas com flores e fotos antigas. Letícia viu rostos familiares e desconhecidos se unindo, todos compartilhando risadas e recordações. A alegria no ar era palpável, e a conexão entre as pessoas parecia mais forte do que nunca.

Enquanto ouvia as histórias, Letícia percebeu que sua busca não era apenas sobre descobrir a verdade sobre sua avó, mas também sobre entender sua própria identidade. Ela aprendeu que as raízes familiares estão entrelaçadas com as histórias da comunidade.

Com lágrimas nos olhos, Letícia fez um brinde à sua avó, agradecendo por tudo o que ela havia feito e por ter plantado as sementes de amor e união que floresceram no coração da comunidade. Naquele momento, Letícia sentiu-se parte de algo maior, uma herança de amor e histórias que continuaria a ser passada de geração em geração.

Assim, as sombras do mercado não eram apenas lembranças do passado, mas luzes que iluminavam o presente e o futuro, revelando a importância de cada conexão, de cada história compartilhada. Letícia saiu do mercado com um coração cheio e uma nova compreensão de quem ela era, e de onde vinha. O Mercado Modelo não era apenas um lugar, mas uma celebração da vida, da memória e da comunidade.

The Shadows of the Market

On a sunny morning in Salvador, the Mercado Modelo was buzzing with life. The stalls were filled with vibrant colors: tropical fruits, handicrafts, and the irresistible scents of Bahian food. Amid the cheerful shouts of the vendors and music in the distance, Letícia walked through the market, feeling a mix of anxiety and excitement.

Letícia was a young woman who had always felt a deep connection to her city, but in recent months, her curiosity about her family history had become unbearable. She had found an old, dusty photo album at home, and one particular photo intrigued her. In it, her grandmother, a woman with intense eyes and a radiant smile, was surrounded by friends at the market. The expression on her face radiated a happiness Letícia did not recognize, leading her to wonder: who was that woman before she became the grandmother she always knew?

Determined to discover more about her family and her roots, Letícia decided to visit the Mercado Modelo. If there was a place that could offer answers, it was here, where stories intertwined like the colors of the traditional clothes adorning the market.

As she walked through the stalls, she allowed herself to be swept away by the sounds of conversations and the aroma of moqueca being prepared. Passing by a fruit stall, Letícia spotted Dona Mariá, an elderly vendor known to everyone in the market. She always had a warm smile and a kind word for anyone who passed by.

"Hi, Dona Mariá!" Letícia called out as she approached. "How are you?"

"Oh, Letícia! What a pleasure to see you, my dear! And your mother? Is everything alright?" asked Dona Mariá, adjusting her glasses.

"She's fine, thank you. I'm here to ask about my grandmother. I saw a picture of her at the market, and I became curious about her story."

Dona Mariá's eyes sparkled, and a shadow of nostalgia crossed her face. "Ah, your grandmother! She was an incredible woman. Always full of life and love for this place. She sold spices and made a dendê farofa that everyone adored. The market was like a second home to her."

Letícia smiled, picturing her grandmother interacting with others. "Could you tell me more about her?"

Dona Mariá began to share stories, recalling how Letícia's grandmother helped everyone in the market, from giving advice to offering food to those in need. Each tale was like a puzzle piece that Letícia was fitting together in her mind. She not only learned about the grandmother she had seen in the photos but began to understand the strong and generous woman who had impacted so many lives.

Excited by what she had heard, Letícia continued to explore the market. She met Seu Jorge, a fisherman who sold fresh fish. He spoke about the challenges of keeping the fishing tradition alive and how Letícia's grandmother helped him find new markets for his sales. Then she encountered Ana, an artist who created beautiful ceramic pieces. Ana also knew Letícia's grandmother and mentioned how she inspired her work, teaching her the importance of valuing roots and culture.

"She always said that art is like life: it should be lived with authenticity and love," Ana commented, while Letícia admired the colorful ceramics.

With each interaction, Letícia felt she was getting closer to her grandmother. She realized that the stories she was hearing were not just about her grandmother but about the entire community. The market was a place where memories intertwined, where people shared their lives and supported one another.

At the end of the day, Letícia decided she wanted to do something special. With the help of Dona Mariá and other vendors, she organized a small event at the market to celebrate the life and memory of her grandmother. She invited the community to bring their memories, recipes, and stories.

On the day of the event, the Mercado Modelo was even more vibrant. The stalls were decorated with flowers and old photos. Letícia saw familiar and unfamiliar faces coming together, all sharing laughter and memories. The joy in the air was palpable, and the connection among the people felt stronger than ever.

As she listened to the stories, Letícia realized that her quest was not just about uncovering the truth about her grandmother but also about understanding her own identity. She learned that family roots are intertwined with the stories of the community.

With tears in her eyes, Letícia raised a toast to her grandmother, thanking her for everything she had done and for planting the seeds of love and unity that had blossomed in the heart of the community. In that moment, Letícia felt part of something greater, a heritage of love and stories that would continue to be passed down from generation to generation.

Thus, the shadows of the market were not just memories of the past, but lights illuminating the present and future, revealing the importance of every connection and every shared story. Letícia left the market with a full heart and a newfound understanding of who she was and where she came from. The Mercado Modelo was not just a place; it was a celebration of life, memory, and community.

O Último Capítulo

———

Pedro sempre foi um autor de sucesso. Seus romances best-sellers conquistaram corações e mentes, levando seus leitores a mundos ricos e complexos. No entanto, após o lançamento de seu último livro, ele se viu preso em um labirinto de palavras, sem conseguir escrever uma única frase. O bloqueio criativo se tornara um peso insuportável, e a pressão para produzir uma nova obra apenas o deixava mais angustiado.

Desesperado por inspiração, Pedro decidiu se afastar da agitação da cidade grande. Ele alugou uma pequena casa em um vilarejo aconchegante em Minas Gerais, onde esperava encontrar a tranquilidade necessária para se reerguer como escritor. Assim que chegou, foi recebido por paisagens deslumbrantes: montanhas verdejantes, vastos campos de café e o calor humano dos moradores locais.

Certa manhã, enquanto explorava a cidade, Pedro avistou uma biblioteca modesta. A placa na entrada dizia "Biblioteca Municipal – Rita Costa, Bibliotecária". Curioso, ele entrou e se deixou envolver pelo cheiro de papel envelhecido e a luz suave que entrava pelas janelas. As prateleiras estavam repletas de livros que pareciam contar histórias de vidas passadas.

Rita, uma mulher de cabelos curtos e olhos brilhantes, estava organizando alguns volumes. Quando percebeu a presença de Pedro, sorriu calorosamente. "Bem-vindo! Posso te ajudar com algo?"

Pedro hesitou, mas logo se apresentou. "Sou Pedro, um escritor. Estou aqui tentando encontrar inspiração, mas estou enfrentando um bloqueio."

"Ah, o bloqueio criativo. Eu conheço bem esse monstro," Rita respondeu com um sorriso compreensivo. "Mas você veio ao lugar certo. Aqui, os livros têm uma maneira mágica de tocar a alma. Vamos encontrar algo que faça você se lembrar do que ama na escrita."

Movido pela paixão de Rita, Pedro começou a passar mais tempo na biblioteca. Ela lhe mostrava obras de autores consagrados, mas também incentivava-o a explorar novos gêneros e estilos. Juntos, eles discutiam personagens e tramas, e, lentamente, Pedro começou a sentir a chama da criatividade reacender dentro dele.

Uma tarde, enquanto estavam sentados em um canto aconchegante da biblioteca, Rita compartilhou uma história de sua infância. "Quando eu era pequena, sonhava em ser escritora. Escrevi contos e poemas em um caderno velho que minha avó me deu. Cada página estava cheia de sonhos e esperanças. Mas com o tempo, a vida me levou por outros caminhos, e eu acabei me tornando bibliotecária."

Pedro ouviu com atenção, reconhecendo a paixão nos olhos de Rita. "E por que você não escreve mais? Se isso te faz feliz, deveria voltar a escrever."

"Eu gosto de ajudar outras pessoas a encontrar suas histórias," respondeu Rita, olhando para os livros ao redor. "Mas, de certa forma, sinto falta de criar."

As conversas deles se tornaram cada vez mais profundas, e Pedro começou a perceber que Rita não era apenas uma bibliotecária, mas uma verdadeira contadora de histórias. Em seus olhos, ele via o reflexo da mesma paixão que o havia guiado a escrever por tantos anos. Motivado pela amizade que crescia entre eles, ele decidiu se abrir e compartilhar suas próprias experiências e medos.

Com o passar dos dias, Pedro encontrou novos ângulos para seus personagens, enredos que refletiam suas inseguranças e anseios. A conexão com Rita o ajudou a redescobrir a essência da narrativa: não apenas o produto final, mas a jornada de criação. Ele começou a escrever novamente, preenchendo páginas com palavras que antes estavam trancadas em sua mente.

Certa noite, enquanto a lua iluminava o vilarejo, Pedro e Rita sentaram-se no jardim da biblioteca, cercados pelo canto dos grilos e pelo cheiro das flores noturnas. "A criação é um processo solitário, mas você me mostrou que não precisa ser," disse Pedro, olhando para Rita. "Eu estava tão focado no resultado final que esqueci do que realmente importa: a história que estamos criando juntos."

Rita sorriu, seu olhar cheio de compreensão. "Cada história tem seu próprio ritmo, e cada escritor tem seu próprio caminho. O importante é encontrar alegria nesse processo."

Pedro sentiu que, com cada palavra que escrevia, ele se aproximava mais de um novo capítulo não apenas em sua carreira, mas em sua vida. Ele estava aprendendo a valorizar não apenas o destino, mas o caminho que o levava até lá.

Quando finalmente terminou seu novo livro, Pedro decidiu que não era apenas uma obra, mas um tributo à sua jornada de redescoberta. Ele incluiu uma dedicatória especial a Rita, agradecendo-a por ter reacendido sua paixão e por ter mostrado a beleza de compartilhar histórias.

Em um evento na biblioteca para o lançamento de seu novo livro, Pedro fez um discurso emocionado. "Este livro não é apenas meu; é um reflexo de todos que me ajudaram a encontrar minha voz novamente. Especialmente Rita, que me lembrou que cada história vale a pena ser contada e que, muitas vezes, a maior inspiração vem das conexões que fazemos ao longo do caminho."

Os aplausos ecoaram pela sala, mas, para Pedro, o verdadeiro triunfo não estava apenas nas páginas impressas, mas nas novas amizades, nas memórias criadas e no entendimento profundo de que a vida é uma história em constante evolução.

E assim, o último capítulo de Pedro não foi apenas uma conclusão, mas um novo começo, repleto de possibilidades e novas aventuras na arte da escrita.

The Last Chapter

Pedro had always been a successful author. His best-selling novels captivated hearts and minds, transporting readers to rich, complex worlds. However, after the release of his latest book, he found himself trapped in a maze of words, unable to write a single sentence. The creative block had become an unbearable weight, and the pressure to produce a new work only left him more distressed.

Desperate for inspiration, Pedro decided to escape the hustle and bustle of the big city. He rented a small house in a cozy village in Minas Gerais, hoping to find the tranquility needed to revive his writing career. Upon his arrival, he was greeted by breathtaking landscapes: lush mountains, vast coffee fields, and the warmth of the local residents.

One morning, while exploring the town, Pedro spotted a modest library. The sign at the entrance read "Municipal Library – Rita Costa, Librarian." Curious, he entered and was enveloped by the scent of aged paper and the soft light streaming through the windows. The shelves were filled with books that seemed to tell the stories of lives long past.

Rita, a woman with short hair and bright eyes, was organizing some volumes. When she noticed Pedro's presence, she greeted him with a warm smile. "Welcome! Can I help you with something?"

Pedro hesitated but soon introduced himself. "I'm Pedro, a writer. I'm here trying to find inspiration, but I'm facing a block."

"Ah, the creative block. I know that monster well," Rita replied with an understanding smile. "But you've come to the right place. Here, books have a magical way of touching the soul. Let's find something that reminds you of what you love about writing."

Moved by Rita's passion, Pedro began to spend more time in the library. She showed him works by renowned authors but also encouraged him to explore new genres and styles. Together, they discussed characters and plots, and slowly, Pedro began to feel the spark of creativity reignite within him.

One afternoon, while they were seated in a cozy corner of the library, Rita shared a story from her childhood. "When I was little, I dreamed of being a writer. I wrote short stories and poems in an old notebook my grandmother gave me. Each page was filled with dreams and hopes. But over time, life led me down other paths, and I ended up becoming a librarian."

Pedro listened attentively, recognizing the passion in Rita's eyes. "And why don't you write anymore? If it makes you happy, you should go back to it."

"I enjoy helping others find their stories," Rita replied, gazing at the books around her. "But, in a way, I miss creating."

Their conversations grew deeper, and Pedro began to realize that Rita was not just a librarian but a true storyteller. In her eyes, he saw the reflection of the same passion that had guided him to write for so many years. Motivated by the friendship blossoming between them, he decided to open up and share his own experiences and fears.

As the days passed, Pedro discovered new angles for his characters and plots that reflected his insecurities and yearnings. His connection with Rita helped him rediscover the essence of storytelling: not just the end product, but the journey of creation itself. He began to write again, filling pages with words that had been locked away in his mind.

One night, as the moon illuminated the village, Pedro and Rita sat in the library garden, surrounded by the chirping of crickets and the scent of night-blooming flowers. "Creation is a solitary process, but you've shown me that it doesn't have to be," Pedro said, looking at Rita. "I was so focused on the end result that I forgot what truly matters: the story we're creating together."

Rita smiled, her gaze filled with understanding. "Every story has its own rhythm, and every writer has their own path. The important thing is to find joy in the process."

Pedro felt that with every word he wrote, he was getting closer to a new chapter—not just in his career but in his life. He was learning to value not just the destination, but the journey that led him there.

When he finally finished his new book, Pedro decided it wasn't just a work; it was a tribute to his journey of rediscovery. He included a special dedication to Rita, thanking her for reigniting his passion and showing him the beauty of sharing stories.

At an event in the library for the launch of his new book, Pedro gave an emotional speech. "This book isn't just mine; it reflects everyone who helped me find my voice again. Especially Rita, who reminded me that every story is worth telling and that often, the greatest inspiration comes from the connections we make along the way."

Applause echoed through the room, but for Pedro, the true triumph lay not only in the printed pages but in the new friendships formed, the memories created, and the deep understanding that life is a constantly evolving story.

Thus, Pedro's last chapter was not merely a conclusion but a new beginning, filled with possibilities and new adventures in the art of writing.

Luzes de Paraty

Marisa desceu do ônibus na estação de Paraty com um suspiro profundo, sentindo a familiar mistura de ansiedade e nostalgia. As pedras das ruas de Paraty, antigas e irregulares, pareciam acolher os seus passos lentos, como se guardassem histórias de tantas vidas passadas. Era o início do famoso festival literário, e a cidade estava repleta de visitantes, turistas e artistas. Marisa havia voltado para cumprir uma promessa – uma que fizera a seu falecido marido, Paulo.

Haviam planejado juntos, muitos anos antes, acender uma vela na igreja velha no primeiro dia do festival. O tempo passou, os sonhos mudaram, e Paulo já não estava ao seu lado. Mesmo assim, Marisa decidira que, naquela noite, cumpriria a promessa.

Enquanto caminhava pela cidade, atraída pela música e pelo burburinho das vozes animadas, Marisa parou ao ouvir um som de violão próximo. Um jovem estava sentado em um canto da praça, tocando com os olhos fechados, entregue à melodia suave e introspectiva. Ele parecia alheio ao movimento ao seu redor, como se o tempo parasse quando ele tocava.

Curiosa, Marisa se aproximou e esperou que ele terminasse a música. Ao abrir os olhos, o jovem notou sua presença e lhe deu um sorriso tímido.

"Você toca muito bem, meu jovem", disse Marisa com um sorriso gentil.

Ele agradeceu e se apresentou como Jonas, um músico de vinte e poucos anos, tentando encontrar o seu lugar no mundo. Sentaram-se juntos em um banco próximo, e Jonas, encorajado pela simpatia de Marisa, começou a contar sua história. Falou sobre a insegurança que sentia em relação ao futuro, sobre a pressão para fazer algo grande, mas sem saber exatamente o que.

"Sinto que estou sempre correndo atrás de algo que nunca consigo alcançar", confessou ele, olhando para o violão com um olhar perdido. "Minha família quer que eu faça algo 'mais sério', algo que me dê estabilidade. Mas... sinto que esse é o único lugar onde sou eu mesmo."

Marisa o ouviu atentamente, lembrando-se de si mesma na juventude, quando tinha a mesma sede de realização. Fora dançarina, cheia de sonhos, e enfrentara as próprias batalhas para seguir o que amava. Contou a ele um pouco de sua vida e de como conhecera Paulo. Ele fora o apoio dela nos momentos mais difíceis, a âncora que lhe dava força para enfrentar as tempestades.

"A vida é mesmo cheia de dúvidas, Jonas", disse ela, olhando para o céu estrelado. "Mas uma coisa que aprendi é que o que realmente importa são os momentos em que a gente se sente vivo. Não é sobre o que as outras pessoas acham que é sucesso. É sobre encontrar o que faz seu coração bater mais forte."

Os dois continuaram conversando, trocando histórias de sonhos e de perdas, como se fossem velhos amigos. Jonas, apesar de ser bem mais jovem, também oferecia conselhos sábios, lembrando Marisa de que o passado, por mais precioso que fosse, não deveria impedir que ela abraçasse o presente. Havia sempre algo novo a descobrir, uma nova melodia a ser tocada, uma nova dança a ser dançada.

No dia seguinte, Marisa convidou Jonas para acompanhá-la à igreja. Quando acendeu a vela em homenagem a Paulo, sentiu uma paz profunda, como se finalmente tivesse cumprido seu papel e, ao mesmo tempo, estivesse aberta a novos capítulos em sua vida. Jonas, ao lado dela, respeitou o momento em silêncio, sentindo-se inspirado por aquela mulher que, mesmo com tantas cicatrizes, ainda tinha a capacidade de buscar algo mais.

À noite, o festival encheu as ruas de luzes, cores e músicas. Marisa e Jonas se juntaram à multidão, rindo, dançando e celebrando. Eles se perderam no ritmo das canções, nas vozes dos poetas, nas histórias dos moradores e dos visitantes que pareciam ter sido atraídos para aquele momento único.

E naquela noite, sob as luzes de Paraty, Marisa e Jonas encontraram a resposta para suas inquietações: a vida, com todas as suas incertezas, poderia ser tão bela quanto o mais inesperado dos encontros.

Lights of Paraty

Marisa stepped off the bus at the Paraty station with a deep sigh, feeling a familiar mix of anxiety and nostalgia. The old, uneven stones of Paraty's streets seemed to welcome her slow steps, as if they held stories of so many past lives. It was the beginning of the famous literary festival, and the city was full of visitors, tourists, and artists. Marisa had returned to keep a promise—one she had made to her late husband, Paulo.

They had planned together, many years ago, to light a candle in the old church on the festival's opening day. Time passed, dreams changed, and Paulo was no longer by her side. Even so, Marisa had decided that, that night, she would fulfill the promise.

As she walked through the city, drawn by the music and the buzz of animated voices, Marisa stopped when she heard a nearby guitar. A young man was sitting in a corner of the square, playing with his eyes closed, lost in a gentle, introspective melody. He seemed oblivious to the movement around him, as if time stood still while he played.

Curious, Marisa approached and waited for him to finish the song. When he opened his eyes, the young man noticed her presence and gave her a shy smile.

"You play very well, young man," Marisa said with a gentle smile.

He thanked her and introduced himself as Jonas, a musician in his early twenties trying to find his place in the world. They sat together on a nearby bench, and Jonas, encouraged by Marisa's kindness, began to share his story. He spoke about the uncertainty he felt about his future, the pressure to do something big but not knowing exactly what.

"I feel like I'm always chasing something I can never reach," he confessed, looking at his guitar with a lost gaze. "My family wants me to do something 'more serious,' something that will give me stability. But... I feel like this is the only place where I'm truly myself."

Marisa listened intently, remembering herself in her youth, when she had the same thirst for fulfillment. She had been a dancer, full of dreams, and had faced her own battles to follow what she loved. She shared a bit of her life with him and how she had met Paulo. He had been her support in the hardest times, the anchor that gave her strength to face the storms.

"Life is indeed full of doubts, Jonas," she said, looking up at the starry sky. "But one thing I've learned is that what truly matters are the moments when we feel alive. It's not about what others think success is. It's about finding what makes your heart beat stronger."

They continued talking, sharing stories of dreams and losses, as if they were old friends. Jonas, despite being much younger, also offered wise advice, reminding Marisa that the past, however precious, should not prevent her from embracing the present. There was always something new to discover, a new melody to play, a new dance to dance.

The next day, Marisa invited Jonas to accompany her to the church. When she lit the candle in Paulo's memory, she felt a profound peace, as if she had finally fulfilled her role and, at the same time, was open to new chapters in her life. Jonas, by her side, respected the moment in silence, feeling inspired by this woman who, despite many scars, still had the ability to seek something more.

That evening, the festival filled the streets with lights, colors, and music. Marisa and Jonas joined the crowd, laughing, dancing, and celebrating. They lost themselves in the rhythm of the songs, the voices of the poets, the stories of locals and visitors drawn to that unique moment.

And that night, under the lights of Paraty, Marisa and Jonas found the answer to their restlessness: life, with all its uncertainties, could be as beautiful as the most unexpected of encounters.